BEI GRIN MACHT SICH IHR WISSEN BEZAHLT

AF167154

- Wir veröffentlichen Ihre Hausarbeit, Bachelor- und Masterarbeit

- Ihr eigenes eBook und Buch - weltweit in allen wichtigen Shops

- Verdienen Sie an jedem Verkauf

Jetzt bei www.GRIN.com hochladen
und kostenlos publizieren

Entwicklungsdiagnostik im Vorschulalter. Eine Auswahl an Testverfahren zur Erfassung sprachlicher und mathematischer Kompetenzen

Laura-Marie Afacan

Bibliografische Information der Deutschen Nationalbibliothek:

Die Deutsche Nationalbibliothek verzeichnet diese Publikation in der Deutschen Nationalbibliografie; detaillierte bibliografische Daten sind im Internet über http://dnb.d-nb.de abrufbar.

ISBN: 9783346578396
Dieses Buch ist auch als E-Book erhältlich.

© GRIN Publishing GmbH
Nymphenburger Straße 86
80636 München

Druck und Bindung: Books on Demand GmbH, Norderstedt Germany
Gedruckt auf säurefreiem Papier aus verantwortungsvollen Quellen

Das Buch bei GRIN: https://www.grin.com/document/1167035

Fakultät Wirtschaft und Soziales
Department Soziale Arbeit
Studiengang: Bildung und Erziehung in der Kindheit (B. A.)
Seminar: Empirische Forschungsmethoden und Qualitätsentwicklung
Modul: M6
Semester: SoSe 2021

Entwicklungsdiagnostik im Vorschulalter –
Eine Auswahl an Testverfahren zur Erfassung sprachlicher und mathematischer Kompetenzen
Recherchebericht

Tag der Abgabe: 31.10.2021
vorgelegt von: Laura-M. Afacan

Inhalt

1. Einleitung

Der vorliegende Rechercheberichts beschäftigt sich mit der Entwicklungsdiagnostik im Vorschulalter und den damit einhergehenden Testverfahren zur Erfassung sprachlicher und mathematischer Kompetenzen. Das Ziel dieses Berichts liegt darin, einen Überblick über Test- und Erhebungsverfahren in den jeweiligen Bildungsbereichen zu gewähren sowie aus wissenschaftlicher Sicht eine Bewertung der Qualität dieser Instrumente zu geben.

Sprachliche sowie mathematische Kompetenzen sind für die Entwicklung eines Kindes essentiell. Insbesondere in Hinblick auf einen späteren akademischen Karriereverlauf und die damit einhergehenden beruflichen Aussichten sind diese unerlässlich. Aus diesem Grund ist eine frühzeitige Diagnostik im Vorschulalter zum Zweck der Prävention oder für Fördermaßnahmen elementar. Dieser Bericht soll über die Möglichkeiten der Diagnostik dieser Kompetenzen informieren und umfasst welche Instrumente zur Erfassung dieser kindlichen Kompetenzen bisher zur Verfügung stehen. Dies wird durch die Aufstellung von jeweils drei Testinstrumenten zur sprachlichen und zur mathematischen Kompetenz und den dazugehörigen statistischen Kennwerten gewährleistet.

Anschließend wird mit Hilfe des Berichts ein Einblick in die genutzte Recherchestrategie gegeben, worauf ein Fazit folgt. Im Weiteren werden zunächst die Definitionen der ausgewählten Kompetenzen erfolgen und deren Relevanz erläutert.

2. Sprachliche Kompetenzen – Relevanz und mögliche Testverfahren

Die sprachlichen Kompetenzen bezeichnen die verbalen Fähigkeiten sowie den Spracherwerb und sind Teil der kognitiven Fähigkeiten eines Individuums.

„Die Entwicklung von Sprachkompetenzen zählt zu den zentralen Entwicklungsaufgaben von Kindern, Sprachkompetenzen dienen als Basis für einen erfolgreichen Bildungsweg und werden als Lebenschancen betrachtet" (Beckerle 2017, 9).

Der Spracherwerb hat für die psychosoziale Entwicklung einen hohen Stellenwert. Sollte die Sprachentwicklung beeinträchtigt sein, so hat dies negative Auswirkungen auf die psychische und emotionale Entwicklung eines Kindes, die wiederum einen negativen Einfluss auf die Bildung sowie das gesellschaftliche Leben haben (vgl. Petermann 2016, 12).

Eine altersangemessene Sprachkompetenz gehört zur primären Voraussetzung, um erfolgreich den schulischen Anforderungen gerecht zu werden (vgl. Beckerle 2017, 9). Aus diesen Gründen ist es essentiell, Tests zur frühen Diagnostik bereits im Kindergartenalter durchzuführen, um auffälligen Kindern beispielsweise durch Sprachförderung oder eine Sprachtherapie den Eintritt in die Schule zu erleichtern (vgl. Petermann 2016, 18). Im weiteren Verlauf werden drei Testinstrumente zur Überprüfung sprachlicher Kompetenzen im Vorschulalter sowie deren zugehörige statistische Werte dargestellt.

2.1 AWST-R

Der Aktive Wortschatztest für drei- bis fünfjährige Kinder – Revision (AWST-R) wurde im Jahr 2005 von Christiane Kiese-Himmel entwickelt. Hierbei handelt es sich um ein Einzelprüfverfahren, mit dem der Wortschatz eines Kindes erfasst wird. Anhand eines Bildbenennungstests werden dem Kind mittels Fotografien Objekte oder Tätigkeiten gezeigt, die es dann innerhalb von 15 Minuten richtig benennen muss. Pro korrekt gelöste Aufgabe gibt es einen Punkt. Der Gesamtpunktwert wird im Nachhinein mit einer altersspezifischen Tabelle verglichen, um anhand dessen den Prozentrang ablesen zu können. Somit ist es dann möglich, Vergleiche zwischen den Kindern ziehen zu können.

Das Ziel dieses Testverfahrens liegt darin, eventuelle Defizite in der sprachlichen Entwicklung festzustellen, um diese mit Fördermaßnahmen therapieren zu können.

Die Konsistenz-Reliabilität liegt bei .86 und die Retest-Reliabilität (nach zehn bis vierzehn Tagen) bei 88. Diese Ergebnisse werden als äußerst positiv bewertet. Die Normierungsstichprobe beträgt 551 Kinder.

Die Validität und die Objektivität wurden durch Untersuchungen bestätigt. Die Objektivität des AWST-R-Tests wird durch die genaue, standardisierte Durchführungs- und Auswertungsanleitung gewährleistet (vgl. Hogrefe Testzentrale 2005).

2.2 KISTE

Der Kindersprachtest für das Vorschulalter (KISTE) ist ein 1994 erschienenes, von Häuser et al. entwickeltes Einzeltestverfahren, mit dem verbale Defizite, besonders bei entwicklungs- und sprachauffälligen Kindern im Alter von drei bis sechs Jahren, diagnostiziert werden können. Der Test besteht aus fünf Untertests zur Prüfung der Fähigkeiten eines Kindes in den Bereichen: „[…] Erkennen semantischer und grammatikalischer Inkonsistenzen, aktiver Wortschatz, semantisch-syntaktischer Test und die Satzbildungsfähigkeit" (Häuser et al. 1994).

Kinder im Alter von drei bis sechs Jahren haben für die Bearbeitung der Subtests 35 bis 50 Minuten, während jenen mit einer Sprach-Entwicklungsstörung bis zu 70 Minuten zur Verfügung stehen. „Die Bewertung der Ergebnisse erfolgt anhand folgender Skalen: Sprechfreudigkeit, kommunikative, sprachstrukturelle und sprachliche Kompetenz, Semantik und Grammatik des Satzbildungstests sowie Erkennen semantischer und grammatischer Inkonsistenzen" (ebd.).

Insgesamt wurde das Testverfahren anhand von 694 Vorschulkindern normiert, wobei eine Reliabilität zwischen .72 und .90 ermittelt sowie eine Validität und eine Objektivität nachgewiesen wurden (vgl. ebd.).

2.3 SET 3–5

Der Sprachstandserhebungstest für Kinder im Alter von drei bis fünf Jahren (kurz: SET 3–5) „[…] ermöglicht eine an den Entwicklungsstand angepasste, umfassende Beurteilung des Sprachstands für Kinder im Vorschulalter" (Petermann 2016, 11). Der SET 3–5 wird zur Diagnostik von Sprachentwicklungsstörungen eingesetzt oder aber auch als Einschulungsuntersuchung, um Kinder mit einem spezifischen Förderbedarf identifizieren zu können. Es handelt sich um ein Einzel-Testverfahren, das zwischen 15 und 20 Minuten bei Dreijährigen und 30 bis 45 Minuten bei Vier- und Fünfjährigen in Anspruch nimmt. Folgende Bereiche werden hierbei untersucht: das Sprachverstehen, die verbale Produktion und das sprachliche Gedächtnis. Für jeden Bereich des Verfahrens gibt es Untertests. Zu diesen gehören: „Wortschatz, Phonetik/Phonologie, semantische Relationen, Verarbeitungsgeschwindigkeit, Grammatik/Morphologie, auditive Merkfähigkeiten, Emotionserkennung und Empathiefähigkeit" (ebd., 11).

Die einzelnen Antworten eines jeden Kindes werden protokolliert und anschließend mit den Normwerten seiner Altersgruppe verglichen. Für jeden Untertest gibt es verschiedene Regeln für die Punktevergabe, die nach jeder einzelnen Aufgabe addiert werden. Deutschlandweit wurde das Testverfahren an 934 Kindern normiert, wobei eine interne Konsistenz zwischen .70 und .93 (Cronbachs Alpha) ermittelt wurde.

Diese Werte werden als zufriedenstellend bis äußerst positiv bewertet. „Die Validität wurde über die Konstruktvalidität bestimmt, indem Zusammenhänge zwischen den Untertests ermittelt, die Altersabhängigkeit nachgewiesen und die diskriminante Validität bestimmt wurden" (Grimm et al. 2020). Die Objektivität für den SET 3–5 ist durch die standardisierte Durchführungsanleitung und Auswertung gewährleistet (vgl. ebd.).

3. Mathematische Kompetenzen – Relevanz und mögliche Testverfahren

Die mathematischen Kompetenzen bezeichnen die kognitive Fähigkeit eines Menschen,

> „[…] in einer Vielzahl von Kontexten Problemstellungen mathematisch zu formulieren, zu bearbeiten und zu interpretieren sowie mathematisch zu argumentieren. Sie beinhaltet außerdem mathematisches Schlussfolgern und die Anwendung mathematischer Konzepte, Prozeduren, Fakten und Werkzeuge, um Phänomene zu beschreiben, zu erklären und vorherzusagen." (Reiss o. D.)

Mathematische Kompetenzen sind nicht nur während der Schulzeit für das Verständnis im Mathematikunterricht relevant, sondern auch dafür „[…] mathematisches Wissen auf neuartige, alltagsbezogene Situationen zu übertragen" (Küspert/Krajewski 2014, 203). Die mathematische Grundbildung einschließlich des Verständnisses von Mengen und Zahlen trägt wesentlich zum schulischen und beruflichen Erfolg bei (vgl. Reiss o. D.). Aus diesem Grund ist die frühe Diagnostik für Kinder mit möglichen Defiziten auch im Bereich der mathematischen Kompetenzen von zentraler Bedeutung, um so Nachteilen durch mögliche Fördermaßnahmen entgegenzuwirken. Im Folgenden werden drei Testinstrumente zur Überprüfung mathematischer Kompetenzen und deren zugehörige statistische Werte dargestellt.

3.1 MBK 0

Der Test mathematischer Basiskompetenzen im Kindergartenalter, kurz MBK 0, umfasst einen Einzeltest für Kinder im Alter von drei bis sieben Jahren. Die Durchführungsdauer beträgt in der Langversion 25 und in der Kurzversion 15 Minuten. In dieser Zeit werden dem Kind Fragen zum Erwerb der Zahl-Größen-Verknüpfung gestellt. Die Antworten des Kindes werden mit jenen auf einem Protokoll verglichen und anhand dessen analysiert.

Es gibt drei verschiedene Entwicklungsebenen: Die erste umfasst die Zahlenwörter sowie Ziffern ohne Größenbezug, während die zweite die Zahl-Größen-Verknüpfung und die dritte die Zahlrelationen beinhaltet (vgl. Krajewski 2018, 12ff.).

MBK 0 ist das Resultat aus entwicklungsorientierten Diagnostik-Studien im Kindergarten- und Vorschulalter (vgl. ebd., 17). Es ermöglicht, Kinder mit Defiziten in ihrer numerischen Entwicklung bereits zu einem frühen Zeitpunkt zu bemerken und daran anschließend Präventions- und Fördermaßnahmen zu evaluieren.

Die Aufgaben beziehen sich auf die in Abbildung 1 beschriebenen drei Ebenen: Basisfertigkeiten,   einfaches   und   tiefes   Zahlverständnis.

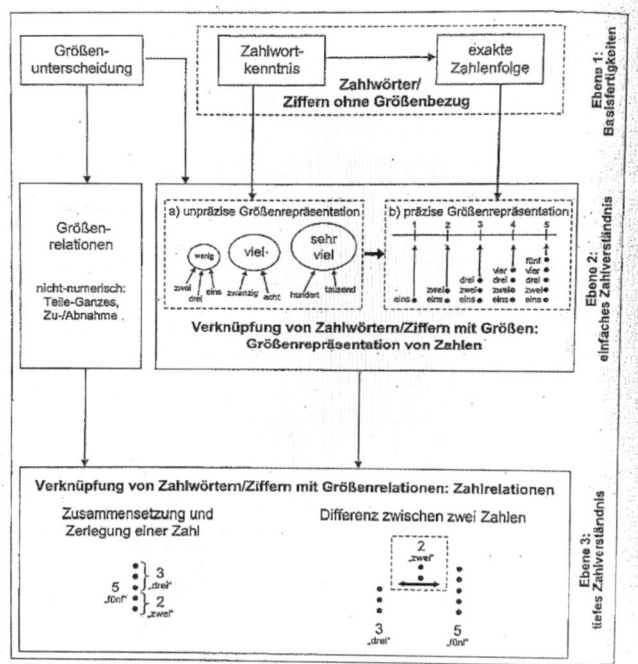

Abbildung 1: Entwicklungsmodell der Zahl-Größen-Verknüpfung nach Krajewski
(2007, 2013)

(Abbildung 1: Krajewski 2007, 2013 zitiert nach Küspert/Krajewski 2014, 204)

Die erste Ebene, jene der Basisfähigkeiten, beinhaltet die Größenunterscheidung von Zahlen, die Zahlwortkenntnis und die genaue Zahlenfolge. Die zweite Ebene, jene des einfachen Zahlenverständnisses, bezieht sich auf die Größenrelationen und deren Präsentation, beispielsweise den Mengenvergleich. Im Rahmen der dritten und letzten Ebene, dem tiefen Zahlenverständnis, wird die Verknüpfung von Zahlrelationen überprüft (vgl. Abbildung 1: Küspert/Krajewski 2014, 204).

Die Normstichprobe umfasste insgesamt 3871 Kindergartenkinder (vgl. Krajewski 2018, 32). Der Cronbachs Alpha liegt zwischen .93 und .96 und wird somit als äußerst positiv eingestuft, ebenso wie die Retest-Reliabilität, die nach etwa sechs Monaten zwischen .83 und .88 liegt. MBK 0 wird als valide gewertet und dessen Objektivität in den Bereichen Durchführung, Auswertung und Interpretation durch die standardisierten Richtlinien sowie Instruktionen gewährleistet (vgl. ebd., 37).

„Insbesondere zeigen die Befunde, dass die mathematischen Basiskomponenten, wie sie mit dem MBK 0 erfasst werden, eine gute prognostische Aussagekraft für die mathematischen Leistungen in der Schule haben. Die Korrelationen mit den Mathematikleistungen am Ende der ersten Klasse betrugen zwischen $r = .53$ und $r = .71$. Auch mit den Mathematikleistungen am Ende der vierten Klasse gab es noch Zusammenhänge in der Größe von $r = .50$." (Kuratli-Geeler 2019, 85).

3.2 MARKO-D

Beim Mathematik- und Rechenkonzept im Vorschulalter – Diagnose (kurz: MARKO-D) handelt es sich um ein Einzeltest-Verfahren für Kinder im Alter von vier bis sechseinhalb. Der Test, der seit 2013 eingesetzt wird und von Gabi Ricken, Annemarie Fritz-Stratmann und Lars Balzer stammt, besteht aus folgenden fünf aufeinander aufbauenden Niveaustufen: der Zählzahl (z. B. Aufgaben zum Vergleichen von Mengenangaben), dem ordinalen Zahlenstrahl (Bestimmen des Nachfolgers bzw. des Vorgängers einer Zahl), der Kardinalität und der Zerlegbarkeit (Addieren und Subtrahieren von Mengenangaben), dem Enthaltensein und der Klasseninklusion („Aufgaben zur Bildung von zwei Teilmengen aus einer Gesamtmenge, zum Zählen in Schritten oder zum Ergänzen" (Kuratli-Geeler 2019, 85)) sowie der Relationalität (z. B. Rückwärtszählen).

„Mit dem MARKO-D steht ein kindgerecht aufbereiteter Einzeltest zur Verfügung, mit dem Voraussetzungen für die spätere schulische Entwicklung hinsichtlich erworbener arithmetischer Konzepte untersucht werden können. Sowohl Entwicklungsverzögerungen als auch -fortschritte sind quantitativ und qualitativ beschreibbar." (Ricken et al. 2013, 6)

Die Aufgaben sind in eine Rahmengeschichte eingebettet, sodass es wechselnde Phasen des Zuhörens und der Aufgabenbearbeitung gibt, was sich positiv auf die Mitarbeit und die Konzentration der Kinder auswirkt. Die Bearbeitungsdauer beträgt zwischen 20 und 30 Minuten.

Die quantitative Auswertung des Tests umfasst eine Stichprobe von 1095 Kindern. Die qualitative Auswertung erfolgte durch die Protokollierung der Ergebnisse zu den Aufgaben und der Analyse des Lösungsmusters.

Der MARKO-D-Test ist durch seine standardisierten Auswertungsrichtlinien objektiv durchführbar und valide. Die Reliabilität betrug .91 (Cronbachs Alpha) und .89. für die Retest-Reliabilität (vgl. ebd.).

3.3 TEDI-MATH

Der Test zur Erfassung numerisch-rechnerischer Fertigkeiten vom Kindergarten bis zur dritten Klasse ist die 2009 erschienene deutsche Adaption des ,Tests diagnostique des compétences de base en mathématiques' (Kaufmann et al. 2009) aus Frankreich (kurz: TEDI-MATH), der ursprünglich von Marie-Pascale Noel, Jacques Grégoire und Catherine van Nieuwenhoven stammt.

Es handelt sich hierbei um einen Einzeltest für Kinder im Alter von vier bis acht Jahren, der 28 Subtests mit einer Durchführungszeit von ca. einer Stunde umfasst. Diese Art von Verfahren wird für die Früherkennung mathematischer Schwächen und Stärken eingesetzt (vgl. Kaufmann et al. 2019).

Der TEDI-MATH-Test beinhaltet beispielsweise Aufgaben im Bereich der Ordnung nach numerischer Größe, zur Mengeninvarianz oder zur additiven und subtraktiven Zerlegung. Die Normstichprobe des Tests erfolgte bei 873 Kindern in Deutschland, wobei die interne Konsistenz als ,zufriedenstellend' bis ,gut' eingestuft wird, mit einem Cronbachs Alpha zwischen .58 und .89 (vgl. Kuratli-Geeler 2019, 87).

4. Recherchestrategie

Meine Recherche begann damit, dass ich anhand der mir zur Verfügung stehenden Materialien des Seminars ein Thema für die weitere Bearbeitung ausgewählt habe (sprachliche und mathematische Kompetenzen). Hierbei habe ich mich der systematischen Recherche bedient. Diese Recherche erfolgte mit den Stichworten Diagnostik, sprachliche und mathematische Kompetenzen, sowie Testverfahren im

Vorschulalter. In erster Linie wurde deutsche Literatur für das Bearbeiten dieser Arbeit verwendet, da ich mich auf diagnostische Testverfahren in Deutschland spezialisiert habe. Für die bereits beschriebenen Diagnostikverfahren zu den jeweiligen Kompetenzbereichen habe ich die Testbestände aus dem HAW-Katalog in der Fachbibliothek der Hochschule für Angewandte Wissenschaften Hamburg genutzt. Des Weiteren wurde darauf geachtet, neben der Primärquelle des Testverfahrens weitere Literaturquellen in die Recherchesuche zu integrieren. Hierzu wurden sowohl der HAW-Katalog als auch Literatur aus der Bücherhalle Hamburg und die Hogrefe-Testzentrale als Online-Quelle berücksichtigt.

5. Verortung der Ergebnisse einer exemplarischen Durchführung

Für die hier vorliegende Testdurchführung wurde der MARKO-D-Einzeltest an einem Jungen im Alter von sechs Jahren und einem Monat eingesetzt. Anbei befindet sich die Tabelle mit den ausgeführten Subtests und den dazu erreichten Punkten des Kindes, welche die Rohwertsumme wiedergeben:

Subtest	Rohwert
Zahlenfolgen erkennen	5 von 5 zu erreichenden Punkten
Mengen auszählen	4 von 4 zu erreichenden Punkten
Mengen vermehren und vermindern	6 von 6 zu erreichenden Punkten
Mengen ordnen	3 von 3 zu erreichenden Punkten
Differenzen erkennen und bestimmen	9 von 10 zu erreichenden Punkten
Beziehungen zwischen Zahlen herstellen	3 von 7 zu erreichenden Punkten
Gesamtmenge bei einer sichtbaren Menge bestimmen	2 von 2 zu erreichenden Punkten
In Schritten weiterzählen	1 von 2 zu erreichenden Punkten
Mengen abzählen	3 von 3 zu erreichenden Punkten
Teilmengen bilden	4 von 4 zu erreichenden Punkten
Teilmengen bei einer sichtbaren Menge bestimmen	3 von 3 zu erreichenden Punkten
Mengen gleichmäßig aufteilen	2 von 2 zu erreichenden Punkten
Gleiche Mengen erzeugen	4 von 4 zu erreichenden Punkten
Gesamt	**49 von 55 zu erreichenden Punkten**

Tabelle 1: Subtests inkl. Rohwerte des Probanden

Die quantitative Auswertung erfolgt durch das Addieren der erreichten Punkte. Die Gesamtrohwertsumme beträgt demnach 49 von 55 möglichen Punkten. Aus der Normentabelle Nr. 15 des Manuals MARKO-D (vgl. Ricken et al. 2013, 51) kann der Prozentrang von 97 abgeleitet werden. Dies bedeutet, dass 3 Prozent der insgesamt 172 altersgleichen Teilnehmenden ein besseres Ergebnis hatten und 97 Prozent eine gleich positive oder negative Leistung erzielt haben. T-Werte zwischen 40 und 60 sind als durchschnittliche Leistung zu interpretieren, was bedeutet, dass der Proband mit seinen 69 Prozent oberhalb dieser Grenze liegt und es daher als eine überdurchschnittliche Leistung seinerseits zu interpretieren ist. Die qualitative Auswertung bezeichnet die Zuordnung des Rohwerts zu einem Entwicklungsniveau. Das Vertrauensintervall beträgt 95 Prozent, wobei die untere Grenze bei 42 und die obere bei 55 liegen. Der Proband befindet sich mit 49 Punkten in der Mitte dieser beiden Grenzen und hat somit die höchste Niveaustufe V erreicht. Alle darunter liegenden Niveaus kann die Testperson sicher bewältigen. Besonders hervorzuheben ist, dass der Proband in zehn der insgesamt dreizehn Subtests die volle Punktzahl erhalten hat, wie beispielsweise in den Bereichen Zahlenfolge sowie beim Vermehren und Vermindern von Mengen.

6. Fazit

Mit dieser Recherchearbeit sollte ein Überblick zu Test- und Erhebungsverfahren in den Bildungsbereichen der sprachlichen sowie mathematischen Kompetenzen gegeben werden. Hierbei handelte es sich um folgende besprochene Verfahren:

- Der Aktive Wortschatztest (AWST-R)
- Der Kindersprachtest (KISTE)
- Der Sprachstandserhebungstest (SET 3-5)
- Der Test mathematischer Basiskompetenzen im Kindergartenalter (MBK 0)
- Mathematik- und Rechenkonzept im Vorschulalter – Diagnose (MARKO-D)
- Test zur Erfassung numerisch-rechnerischer Fertigkeiten (TEDI-MATH)

Mithilfe einer detaillierten Untersuchung bestehender Datenbanken zur Diagnostik konnte die Qualität dieser Erhebungsinstrumente aus wissenschaftlicher Sicht dargelegt werden. Sprachliche sowie mathematische Kompetenzen im Vorschulalter werden anhand dieser Instrumente erfasst und mit einer Normstichprobe verglichen. Auf diese Weise ist es den Fachkräften möglich, das Niveau bzw. den

Entwicklungsstand des Kindes zu benennen. Eine frühzeitige Diagnostik von Defiziten ist für eine gezielte und individuelle Förderung des Kindes unerlässlich. Mögliche Herausforderungen zur Messung von Kompetenzen liegen beispielsweise im Bereich der Sprachbarriere. So ist ein derartiges Testverfahren für Integrations- und/oder Inklusionskinder hinsichtlich dessen Fähig- und Fertigkeiten wenig aussagekräftig. Auch ist es für eine genaue Diagnose entscheidend, ob die den Test ausführende Fachkraft ausreichend geschult ist und sich mit den Auswertungs- sowie Interpretationsrichtlinien auskennt, ggf. wäre es sinnvoll, eine/n externe/n Gutachter/-in hinzuzuziehen.

Zusammenfassend ist festzuhalten, dass die entwicklungsorientierte Diagnostik mit ihren drei Gütekriterien Objektivität, Reliabilität sowie Validität von wesentlicher Bedeutung für die Früherkennung individueller Entwicklungsstände von Kindern ist. Die benannte Frühdiagnostik fördert das Erkennen von Defiziten und hilft den Kindern, von Fördermaßnahmen zu profitieren. Auf diese Weise ist die Wahrscheinlichkeit höher, dass einer unzureichenden Schulreife entgegengewirkt und die Vorbereitung auf die Schulzeit verbessert werden.

7. Literaturverzeichnis

Beckerle, Christine (2017): *Alltagsintegrierte Sprachförderung im Kindergarten und in der Grundschule. Evaluation des >>Fellbach-Konzepts<<*, Weinheim/Basel: Beltz Juventa.

Grimm, Hannelore/Maren Aktas/Sabine Frevert (2020): Sprachentwicklungstest für drei- bis fünfjährige Kinder (SETK 3-5), BiSS Sprachbildung [online] https://www.biss-sprachbildung.de/btools/sprachentwicklungstest-fuer-drei-bis-fuenfjaehrige-kinder-setk-3-5/[abgerufen am 10.09.2021].

Häuser, Detlef/Edith Kasielke/Ulrich Scheidereiter (1994): *KISTE. Kindersprachtest für das Vorschulalter,* Karlheinz Ingelkamp (Hrsg.), Weinheim: Beltz.

Kaufmann, Liane/Hans-Christoph Nürk/Martina Graf/Helga Krinzinger/Margarete Delazer/Klaus Willmes-v. Hinckeldey (2009): *TEDI-MATH. Test zur Erfassung numerisch-rechnerischer Fertigkeiten vom Kindergarten bis zur 3. Klasse,* Bern: Huber.

Kiese-Himmel, Christiane (2005): *AWST-R. Aktiver Wortschatztest für 3- bis 5-jährige Kinder,* Revision, Göttingen: Beltz Test.

Krajewski, Kristin (2018): *MBK 0. Test mathematischer Basiskompetenzen im Kindergartenalter,* Göttingen: Hogrefe.

Kuratli-Geeler, Susanne (2019): Mathematische Kompetenzen von Kindergartenkindern: Überprüfung eines Testinstrumentes und Analyse von Unterschieden in der numerischen Leistungsentwicklung, Dissertation, Philosophische Fakultät, Universität Zürich [online] https://www.zora.uzh.ch/id/eprint/171088/1/171088.pdf [abgerufen am 10.09.2021].

Küspert, Petra/Kristin Krajewski (2014): Mathematische Kompetenz, in: Lohaus Arnold/Michael Glüer (Hrsg.), *Entwicklungsförderung im Kindesalter. Grundlagen, Diagnostik und Intervention,* Göttingen [u.a.]: Hogrefe, S. 203-220.

Petermann, Franz (2016): *SET 3-5. Sprachstandserhebungstest für Kinder im Alter zwischen 3 und 5 Jahren,* Göttingen: Hogrefe.

Reiss, Kristina (o. D.): Mathematische Kompetenzen, OECD Programme for International Student Assessment (PISA) Technische Universität München, [online] https://www.pisa.tum.de/pisa/kompetenzbereiche/mathematische-kompetenz/ [abgerufen am 10.09.2021].

Ricken, Gabi/Annemarie Fritz/Lars Balzer (2013): *MARKO-D. Mathematik- und Recherchekonzepte im Vorschulalter – Diagnose,* Göttingen: Hogrefe